MÉTHODE INGÉNIEUSE

POUR APPRENDRE

A LIRE ET A ÉCRIRE

EN PEU DE TEMPS,

AUGMENTÉE

De la manière d'écrire les Lettres, suivie de Modèles de Promesses, Quittances et autres Actes sous seing privé, de la manière de dresser les Pétitions, des qualités que l'on doit donner, etc.;

AVEC

LA DIVISION DE LA FRANCE EN QUATRE-VINGT-SIX DÉPARTEMENTS, LE NOM DE CHAQUE CHEF-LIEU, UNE TABLE DE MULTIPLICATION, LES QUATRE RÈGLES ET LA TENUE DES LIVRES,

Composée par Madame veuve DE LAURET,

BREVETÉE PAR L'ACADÉMIE DE TOULOUSE.

VALENCIENNES,
IMPRIMERIE ET LITHOGRAPHIE DE B. HENRY, MARCHÉ AU POISSON.

1845

Je déclare contrefaits tous les exemplaires qui ne seront pas revêtus de ma signature, et je poursuivrai les contrefacteurs devant les tribunaux.

J. Bergeot, Propriétaire.

PREMIER EXERCICE.

SONS SIMPLES OU VOYELLES SIMPLES.

A a *a* *a*-mi.	A â *â* (*) *â*-ne.
E e *e* m*e*-su-re.	É é *é* mé-ri-té.
È è *è* mè-re.	Ê ê *ê* mê-ler.
I i *i* mi-di.	Y y *y* sy-co-mo-re.
O o *o* po-li.	O ô *ô* pô-le.
U u *u* bu-tin.	U û *û* bû-che.

(*) Accent aigu (´); — grave (`); — circonflexe (^).

DEUXIÈME EXERCICE.

ARTICULATIONS OU CONSONNES SIMPLES.

B b bom-*be*.	**P p** pi-*pe*.
C c	**K k** pi-*que*.	**Q q**
G g fi-*gue*.	**J j** je.
D d li-qui-*de*.	**T t** ten-*te*.
F f gi-ra-*fe*.	**V v** ri-*ve*.
L l u-ti-*le*.	**R r** au-ro-*re*.
M m da-*me*.	**N n** trô-*ne*.

S s dan-*se*. **Z z** bron-*ze*. **X x** fi-*xe*.

TROISIÈME EXERCICE.

ARTICULATIONS VARIABLES.

C *comme* S, *devant* e, i, y :
ce-ci, ci-té, cy-gne.

Ç *comme* S *devant* a, o, u :
fa-ça-de, fa-çon, re-çu.

G *comme* J, *devant* e, i, y :
ju-ge, rou-gi, E-gyp-te.

GE *comme* J, *devant* a, o, u, ai, oi :
il ran-gea, pi-geon, ga-geu-re, rou-geau, man-geai-re.

T *comme* S, *devant* ion, ieux, ient, ial :
na-ti-on, mi-nu-ti-eux, pa-tient, mar-ti-al.

S *comme* Z *entre deux voyelles* :
ru-sé, dé-sir, re-po-soir, ro-se.

X *comme* G S   **X** *comme* Z :
ex-emple,   di-xaine.

———

H *muette*,   **H** *aspirée* :
l'hom-me,   le han-ne-ton.

Sentences.

A do rez Dieu.
Ai mez vo tre pè re et vo tre mè re.
Ren dez-vous u ti le à vos sem bla bles.
Ap pre nez dans vo tre en fan ce.
La ver tu rend les hom mes heu reux.
Le vi ce fait leur mal heur.
Il faut d'a bord ê tre jus te.
On doit res pec ter la pro pri é té d'au trui.
L'hu ma ni té est un de voir pour tous les hom mes.
L'hom me bien fai sant est l'i ma ge de Dieu sur la ter re.
Soy ez mo des te.
L'hon neur con sis te dans la no bles se des sen ti ments.
La so bri é té en tre tient la san té.
La pru den ce con sis te à con cer ter ses dé mar ches a vec sa ges se.
Le cou ra ge est la ver tu des Fran çais.
Il faut a voir de la pa tien ce.
Gar dez in vio la ble ment vo tre pa ro le.
Ne men tez ja mais car le men son ge est af freux.
Mon trez de la dou ceur et de l'in dul gen ce.
Frè re et sœur ai mez-vous ten dre ment.
La po li tes se fait es ti mer les jeu nes gens.
La pro di ga li té rui ne et dés ho no re.
Le meur tre est hor ri ble.
Ne dé ro bez rien.
Le pa res seux tom be sou vent dans le be soin.
Soy ez la bo rieux et vous vi vrez.
Ne mé pri sez per son ne.
Tout or gueil est fort sot.
Si l'on vous of fen se, mé pri sez l'in ju re.
L'hu meur rend maus sa de.
L'a va ri ce a vi lit et dés ho no re.
L'in gra ti tu de est af freu se.
Ne por tez en vie à per son ne.
La mé di san ce trou ble la so ci é té.
La flat te rie est lâ che.
La tra hi son est un cri me.

NOUVELLE MÉTHODE

POUR APPRENDRE L'ORTHOGRAPHE FRANÇAISE.

INTRODUCTION.

Pour écrire on emploie des lettres ; les lettres se divisent en voyelles et en consonnes ; les voyelles sont : *a, e, i, o, u, y*. Les consonnes sont : *b, c, d, f, g, h, j, k, l, m, n, p, q, r, s, t, v, w, x, z*. Il y a trois sortes d'*e*, l'*e* muet, l'*é* fermé, et l'*è* ouvert.

L'*e* muet est celui dont le son est peu sensible, comme à la fin du mot *monde*.

L'*é* fermé est celui qui se prononce la bouche presque fermée, comme dans *vérité*.

L'*è* ouvert est celui qui se prononce en appuyant dessus et en desserrant les dents, comme dans *succès*.

L'*y* s'emploie pour deux *i* dans le corps du mot après une voyelle, comme dans *pays, moyen*, etc.

La consonne *h* est muette quand elle n'ajoute rien à la prononciation, comme dans l'*homme*, et elle est aspirée quand elle fait prononcer avec aspiration la voyelle qui suit, comme dans le *hameau*, le *héros*, etc.

Il y a trois sortes d'*accents*, l'accent *aigu* (´) se met sur les *é* fermés : *bonté, café*, etc.

L'accent *grave* (`) se met sur les *è* ouverts qui terminent la syllabe, ou précèdent la consonne finale *s*, *père, excès*, etc. ; il s'emploie aussi comme signe de distinction sur *là* et *où*, adverbes de lieu, et sur *à*, préposition, comme vous verrez dans les exercices suivants.

L'accent *circonflexe* (^) se met sur les voyelles longues, comme dans *pâte* pour faire du *pain*, *âge*, etc.

La *cédille* (¸) se place sous le *ç* devant *a, o, u*, pour en adoucir le son, comme dans *maçon*, etc.

Le *tréma* (¨) est un double point qu'on met sur les voyelles *e, i, u*, pour les faire prononcer séparément d'une voyelle qui précède : *Noël, naïf, Saül*, etc.

Il y a dans la langue française dix espèces de mots, qui composent le discours ; ce sont : le *Substantif*, l'*Article*, l'*Adjectif*, le *Pronom*, le *Verbe*, le *Participe*, la *Préposition*, l'*Adverbe*, la *Conjonction* et l'*Interjection*.

DU SUBSTANTIF.

Le SUBSTANTIF ou NOM, est un mot qui sert à nommer une personne ou une chose, comme *Pierre, cheval, table*, etc.

Il y a deux genres, le *Masculin* et le *Féminin* ; les noms d'homme ou de mâle sont du genre masculin ; et les noms de femme ou de femelle sont du genre féminin. Les noms d'objets inanimés suivent la même règle par imitation : *un livre, une plume*, etc.

Il y a aussi deux nombres, le *Singulier*, quand on ne parle que d'une seule personne ou d'une seule chose, et le *Pluriel*, quand on parle de plusieurs. Pour former le pluriel on ajoute une *s* à la fin du nom. Excepté les noms terminés au singulier par *au* et par *eu*, qui prennent un *x* au pluriel. Les mots *bijou, caillou, genou, chou, joujou, hibou* et *pou*, prennent également un *x*. Les noms terminés au singulier par *al*, changent au pluriel *al* en *aux* ; excepté *bal, cal, carnaval, régal*, qui prennent une *s*.

Les noms en *ail*, forment leur pluriel par l'addition d'une *s*, excepté *bail*, corail, *émail*, *soupirail*, *éventail* et *travail*, qui signifie ouvrage, qui changent aussi *ail* en *aux*.

Ciel, œil, aïeul ont deux pluriels : *ciel* fait *ciels*, dans *ciels de tableaux*, *ciels de carrière*, *ciels de lit*, et dans le sens de température, climat : *L'Italie est sous un des plus beaux ciels de l'Europe* ; il fait *cieux* dans tous les autres cas : *les cieux annoncent la gloire de Dieu*. *Œil* fait *yeux*, quand il a rapport à l'organe de la vue : mais quand il s'agit de petites lucarnes de forme ronde, il fait *œils*, des *œils de bœuf*. *Aïeul* fait *aïeux*, dans le sens d'ancêtres ; mais quand il désigne le grand-père paternel et le grand-père maternel, il fait *aïeuls*.

Les noms qui ne conviennent qu'à une seule personne, ou à une seule chose, comme *Alexandre*, *Bruxelles*, etc., se nomment noms propres, et quand ces noms ne servent qu'à distinguer les personnes ou les choses par leur nom, ils ne prennent pas la marque du pluriel.

REMARQUE. Les noms terminés au singulier par *s*, *x* ou *z*, n'ajoutent rien au pluriel, *le fils*, *le nez*, *la voix*, etc.

On appelle nom collectif celui qui, quoique au singulier, présente à l'esprit l'idée de plusieurs personnes ou de plusieurs choses, comme *armée*, *forêt*, *peuple*, etc.

PREMIER EXERCICE (*).

Les frere du jardiniers. Les bâteau des marchand. Les feu de la maisons. Les
9   10
chou de notre jardins.

La première faute à corriger est un accent grave que l'on doit ajouter sur le premier *e* du mot frères, parce que c'est un *e* ouvert, c'est-à-dire qu'il se prononce en appuyant dessus et en desserrant les dents.

La deuxième faute est une *s* que l'on doit ajouter pour former le pluriel à la fin du mot frères, parce que c'est un substantif commun masculin pluriel ; le substantif commun est celui qui convient à plusieurs personnes ou à plusieurs choses semblables.

La troisième est une *s* que l'on doit retrancher à la fin du mot jardinier, parce que l'on ne parle que d'un seul jardinier, c'est aussi un substantif commun masculin singulier.

La quatrième est un *e* que l'on doit ajouter après le *t* au mot bateau, parce que la plupart des noms qui font leur singulier en *au*, prennent un *e* devant l'*a*.

La cinquième est un *x* que l'on doit ajouter pour former le pluriel, à la fin du mot bateaux, parce que c'est un substantif commun masculin pluriel, et que le pluriel des noms en *au* se forme par *x*.

La sixième est une *s* que l'on doit ajouter à la fin du mot marchands ; parce que c'est un substantif commun pluriel, et que son pluriel se forme par *s*.

La septième est un *x* que l'on doit ajouter pour former le pluriel à la fin du mot feux, parce que c'est un substantif commun masculin pluriel, et que le pluriel des noms en *eu*, se forme par *x*.

La huitième est une *s* que l'on doit retrancher à la fin du mot maison, parce que c'est un substantif commun singulier.

La neuvième est un *x* que l'on doit ajouter à la fin du mot choux, parce que c'est un substantif commun pluriel, et que son pluriel se forme par *x*.

La dixième est une *s* que l'on doit retrancher à la fin du mot jardin, parce que c'est un substantif masculin singulier.

(*) Les chiffres qui se trouvent dans les exercices, indiquent les fautes à corriger ; on les élèves auront soin de lire exactement toutes les explications de ces mots mal orthographiés, afin qu'ils les écrivent correctement.

Modèles d'Écriture

ANGLAISE

Déjà l'aurore renaissante rappelle à leurs travaux les habitants de la terre. Le sage va porter à ses hôtes la carte, le bouclier et la baguette d'or qu'il a promis. Allons, partons, leur dit-il, avant qu'un plus grand jour éclaire l'univers. Voilà les dons que je vous ai promis, et les instruments de votre triomphe. 1.2.3.4.5.6.7.8.9.0.

RONDE

Déjà les deux guerriers étaient levés; ils avaient ceint leur armure; ils suivent le vieillard dans les routes ténébreuses que la veille ils avaient parcourues avec lui. Enfin, ils arrivent au lit du fleuve : Adieu, mes amis, leur dit-il, partez, soyez heureux. Le fleuve les reçoit dans son sein; l'onde les soulève mollement comme

COULÉE

La hauteur de la coulée est de huit becs de plume pour les lettres moyennes, seize pour les ascendantes et descendantes, vingt-quatre pour celles de toute la longueur. La pente est de trois degrés sur huit. La distance entre l'une et l'autre est conforme à l'Anglaise. Les liaisons se font sans tourner la plume, et toutes les lettres doivent se tenir. M⁰ Amret.

A B C D E F G H I J K L M N O P Q R S T U V X

DEUXIÈME EXERCICE.

Monsieur,

Je m'empresse de répondre a la lettre que vous m'avait fais l'honneur de m'écrire. Je suis très flattez de l'opinions avantageuses que vous avez conçu de mois ; l'offre que vous me faite de correspondré avec vous peux être aussi utile à mes intérêt qu'au votre ; est pour commencé, je vous pris de m'envoyer deux pièces d'étoffe, semblable à l'échantillon que j'ai mi ci-dedans. Veuillé, s'il vous plait, me les faire parvenir le plus tôt possible. Je me recommande aussi pour vos ordres. En attendant, j'ai l'honneur d'être,

Votre très humble serviteur,   N.

La première faute à corriger est un *accent grave* que l'on doit mettre sur l'*à* au mot à, parce que c'est une préposition qui a pour régime lettre, et non pas le verbe avoir, car on ne peut pas dire que quelqu'un a la lettre.

La deuxième faute est de changer le mot *avait* en *avez*, parce que c'est le verbe avoir, au présent de l'indicatif, deuxième personne du pluriel, servant d'auxiliaire au verbe faire, qui s'accorde avec son sujet vous. Il signifie que vous avez fait l'honneur.

La troisième est de changer *s* en *t* à la fin du mot fait, parce que c'est le participe passé du verbe faire, et qu'il fait au féminin faite en y ajoutant un *e* muet.

La quatrième est de retrancher le *z* qui se trouve à la fin du mot flatté, et y ajouter un *accent aigu* sur l'*é*, parce que c'est le verbe flatter au participe passé, qui s'accorde avec son sujet je, vu qu'il est accompagné du verbe être, et qu'il n'y a qu'aux deuxièmes personnes du pluriel que les verbes prennent un *z* à la fin.

La cinquième est une *s* que l'on doit retrancher à la fin du mot opinion, parce que c'est un substantif commun singulier.

La sixième est une *s* que l'on doit retrancher à la fin du mot avantageuse, parce que c'est un adjectif singulier, qui qualifie opinion.

La septième est un *e* pour le féminin que l'on doit ajouter à la fin du participe passé conçue, parce qu'il est accompagné du verbe avoir, et que son régime direct le précède ; conçue *quoi ?* l'opinion.

La huitième est une *s* que l'on doit retrancher à la fin du mot moi, parce que c'est un pronom de la première personne du singulier, et non pas le mot mois, qui signifie la douzième partie de l'année.

La neuvième est une *s* que l'on doit ajouter à la fin du mot faites, parce que c'est le verbe faire au présent de l'indicatif, deuxième personne du pluriel, qui s'accorde avec son sujet vous, il signifie vous faites à moi.

La dixième est de changer *x* en *t* à la fin du mot peut, parce que c'est le verbe pouvoir, au présent de l'indicatif, troisième personne du singulier, qui s'accorde avec son sujet offre : *qu'est-ce qui* peut? l'offre.

La onzième est une *s* que l'on doit ajouter à la fin du mot intérêts, parce que c'est un substantif commun pluriel.

La douzième est un *x* pour le pluriel que l'on doit ajouter à la fin du mot aux, parce que c'est un article contracté, mis pour à les, qui détermine intérêts.

La treizième est un accent circonflexe que l'on doit ajouter sur l'*ô* au mot vôtres, et une *s* à la fin, parce que c'est un pronom possessif pluriel, qui se rapporte à intérêts. On distingue le pronom possessif de l'adjectif possessif en ce qu'il est toujours précédé d'un article, au lieu que l'adjectif possessif est toujours suivi d'un substantif. Les pronoms possessifs nôtre, vôtre, prennent un accent circonflexe sur l'*ô*, et les adjectifs possessifs notre, votre, n'en prennent pas.

La quatorzième est une *s* que l'on doit retrancher au milieu du mot et, parce que c'est une conjonction qui sert à lier deux phrases, et non pas le verbe être, car on ne peut pas dire je suis pour, tu es pour, il est pour, et si l'on fait la question *qui est-ce qui* est pour ? on n'a pas de réponse ; ainsi n'ayant pas de sujet, il n'est pas verbe.

La quinzième est de retrancher l'accent aigu qui se trouve sur le dernier *é* du mot commencer, et y ajouter une *r* à la fin ; parce que c'est le verbe commencer à l'infinitif, on connaît qu'il est à l'infinitif en ce qu'on peut le tourner par être commençant, et qu'il est régi par la préposition pour.

La seizième est de changer *s* en *e* à la fin du mot prie, parce que c'est le verbe prier au présent de l'indicatif, première personne du singulier, qui s'accorde avec son sujet je, et non pas le verbe prendre au passé défini.

La dix-septième est une *s* que l'on doit ajouter à la fin du participe passé mis, non pour le pluriel, mais parce qu'il fait au féminin mise, en y ajoutant un *e* muet.

La dix-huitième et de retrancher l'*accent aigu* qui se trouve sur le dernier *e* du mot veuillez et y ajouter un *z* à la fin, parce que c'est le verbe vouloir à l'impératif, deuxième personne du pluriel, qui s'accorde avec son sujet vous, sous-entendu.

TROISIÈME EXERCICE.

Monsieur,

J'ai l'honneur de vous donner avi que suivant vôtre demande, je vous ai expédié le 10 de se moi, par la messagerie N. les deux pièces d'étofie que vous m'avez demandé. J'espère que vous en saurez satisfais, et qu'ont ne vous en faira pas de reproches : car je vous envoi la meilleur qualité dans ce prix. Lorsqu'il y aurat quelqu'autre chose de vos ordre, je me recommandes. En attendant je vous prie de me faire parvenir une pièce de toile blanches, en vingt-huit cent larges.

Je suis bien sincèrement,

Votre très-humble serviteur, N.

La première faute à corriger est une *s* que l'on doit ajouter à la fin du mot avis, parce que c'est un substantif commun, qui dérive du verbe aviser.
La deuxième faute est un *accent circonflexe* que l'on doit retrancher sur l'ô du mot votre, parce que déterminant le substantif demande, il est adjectif possessif, et non pas pronom possessif.
La troisième est un *t* que l'on doit retrancher à la fin du mot ai, parce que c'est le verbe avoir, au présent de l'indicatif, première personne du singulier, servant d'auxiliaire au verbe expédier, qui s'accorde avec son sujet je.
La quatrième est de changer le mot *se* en *ce*, parce que c'est un adjectif démonstratif qui détermine mois, et non pas un pronom de la troisième personne mis pour moi.
La cinquième est une *s* que l'on doit ajouter à la fin du mot mois, parce que c'est un substantif qui désigne la douzième partie de l'année, et non pas un pronom de la première personne du singulier.
La sixième est un *e* pour le féminin et une *s* pour le pluriel que l'on doit ajouter à la fin du participe passé demandées, parce qu'étant accompagné du verbe avoir, il s'accorde avec son régime direct pièces, vu que ce régime le précède.
La septième est de changer le mot *saurez* en *serez*, parce que c'est le verbe être au futur, deuxième personne du pluriel, servant d'auxiliaire au verbe satisfaire, qui s'accorde avec son sujet vous, et non pas le verbe savoir, car on ne dit pas : savoir satisfait ; mais bien, être satisfait.
La huitième est de changer s en *t* à la fin du mot satisfait, parce que c'est le participe passé du verbe satisfaire, et qu'il fait au féminin satisfaite, en y ajoutant un *e* muet.
La neuvième est un *t* que l'on doit retrancher à la fin du mot on, parce que c'est un pronom indéfini, de la troisième personne du singulier, et non pas le verbe avoir.
La dixième est de changer le mot *faira* en *fera*, parce que c'est le verbe faire au futur présent, troisième personne du singulier, qui s'accorde avec son sujet on, et que le verbe faire s'écrit à la première syllabe du futur et du conditionnel *fe* et non pas *fai*.
La onzième est un *e* que l'on doit ajouter à la fin du mot envoie, parce que c'est le verbe envoyer, au présent de l'indicatif première personne du singulier, qui s'accorde avec son sujet je, et que les verbes de la première conjugaison, c'est-à-dire dont l'infinitif est terminé en *er*, finissent toujours à la première et à la troisième personne du singulier de l'indicatif présent par un *e* muet.
La douzième est un *e* que l'on doit ajouter à la fin du mot meilleure, parce que c'est un adjectif féminin, qui qualifie qualité.
La treizième est un *t* que l'on doit retrancher à la fin du mot aura, parce que c'est le verbe avoir au futur présent, troisième personne du singulier, qui s'accorde avec son sujet il.
La quatorzième est une *s* que l'on doit ajouter à la fin du mot ordres, parce que c'est un substantif commun pluriel.
La quinzième est *s* que l'on doit retrancher à la fin du mot recommande, parce que c'est le verbe recommander, au présent de l'indicatif, première personne du singulier, qui s'accorde avec son sujet je, et que les verbes en *er*, finissent au présent de l'indicatif, à la première et à la troisième personne du singulier par un *e* muet.
La seizième est une *s* que l'on doit retrancher à la fin du mot blanche, parce que c'est un adjectif singulier qui qualifie toile.
La dix-septième est une *s* que l'on doit ajouter à la fin du mot cents, parce que le substantif fils, sous-entendu, est censé être placé après, et que le mot cent, suivi d'un nom pluriel, en prend aussi la marque ; car c'est comme si l'on disait en vint-huit cents fils.
La dix-huitième est une *s* que l'on doit retrancher à la fin du mot large, parce que c'est un adjectif singulier, qui qualifie toile.

— 11 —

QUATRIÈME EXERCICE.

Monsieur,

Il m'est pénible de voir que votre billet de six cents francs me sois revenus. Si vous vous trouviez dans l'impossibilité de me payer, vous deviez m'en avertir ; je me serait arrangé en conséquence. Vous pouvé vous rappellez, Monsieur, que je vous est toujours donné du tant chaque foi que vous m'en avez demandez ; c'est en agir fort mâle avec moi ; j'ai dont droi de me plaindre. Si votre billet n'est pas acquittée dans huit jours, je serait forcé de vous poursuivre selon la rigueur de la loi.

La première faute à corriger est une *l* que l'on doit ajouter au milieu du mot billet, parce qu'il faut deux *l* précédées d'un *i* pour avoir la prononciation mouillée.

La deuxième faute est de changer *s* en *t* à la fin du mot soit, parce que c'est le verbe être au subjonctif, troisième personne du singulier, servant d'auxiliaire au verbe revenir, qui s'accorde avec son sujet billet.

La troisième est une *s* que l'on doit retrancher à la fin du participe passé revenu, parce qu'étant accompagné du verbe être, il s'accorde avec son sujet billet.

La quatrième est une *s* que l'on doit ajouter au milieu du mot impossibilité, parce qu'une *s* entre deux voyelles se prononce comme *z*.

La cinquième est de changer le *t* en *s* à la fin du mot serais, parce que c'est le verbe être au conditionnel, première personne du singulier, servant d'auxiliaire au verbe arranger, qui s'accorde avec son sujet je.

La sixième est un *z* que l'on doit ajouter à la fin du mot pouvez, et retrancher l'*accent aigu* qui se trouve sur l'*é*, parce que c'est le verbe pouvoir au présent de l'indicatif, deuxième personne du pluriel, qui s'accorde avec son sujet vous.

La septième est une *l* que l'on doit retrancher au mot rappeler, parce que les verbes en *eler* et en *eter* ne prennent deux *l* ou deux *t* que quand la lettre qui suit est un *e* muet ; et de plus, changer le *z* qui se trouve à la fin en *r*, à cause que c'est le verbe rappeler ; à l'infinitif, on voit qu'il est à l'infinitif en ce qu'on peut le tourner par être rappelant à vous.

La huitième est de changer le mot *est* en *ai*, parce que c'est le verbe avoir au présent de l'indicatif, première personne du singulier, servant d'auxiliaire au verbe donner, qui s'accorde avec son sujet je ; et non pas le verbe être, à la troisième personne du singulier de l'indicatif.

La neuvième est de changer le mot *tant* en *temps*, parce qu'il ne s'agit pas ici d'un adverbe de quantité, mais bien du substantif temps, qui signifie délai.

La dixième est une *s* que l'on doit ajouter à la fin du mot foi, non pour le pluriel, mais pour le distinguer du mot foi, qui signifie vertu théologale, croyance, etc. Le mot fois marque une époque, une quantité, etc.

La onzième est un *accent aigu* que l'on doit ajouter sur le dernier *e* du mot demandé, et retrancher le *z* qui se trouve à la fin, parce que c'est le verbe demander au participe passé, et qu'il n'y a qu'à la deuxième personne du pluriel de chaque temps que l'on met un *z* à la fin.

La douzième est un *accent circonflexe* que l'on doit retrancher sur l'*a* du mot mal, et de plus l'*e* qui se trouve à la fin, parce qu'il ne s'agit pas d'un être du genre masculin, mais bien du mot mal, qui est l'opposé du bien ; on écrit encore malle, un coffre recouvert de peau.

La treizième est de changer le *t* en *c* à la fin du mot donc, parce que c'est une conjonction et non pas un pronom relatif ; on voit qu'il n'est pas pronom relatif, en ce qu'on ne peut pas le tourner par lequel ou laquelle.

La quatorzième est un *t* que l'on doit ajouter à la fin du mot droit, parce que c'est un substantif qui sert à former le mot droiture.

La quinzième est un *e* que l'on doit retrancher à la fin du participe passé acquitté, parce qu'étant accompagné du verbe être, il s'accorde avec son sujet billet ; qu'est-ce qui n'est pas acquitté ? votre billet.

La seizième est un *t* que l'on doit retrancher à la fin du mot serai, parce que c'est le verbe être, au futur présent, première personne du singulier, servant d'auxiliaire au verbe forcer, qui s'accorde avec son sujet je ; il est au futur, parce que l'on parle d'un temps à venir.

La dix-septième est un *u* que l'on doit ajouter après le *g* au mot rigueur, pour lui donner une prononciation dure ; car la lettre *g* devant *e*, *i*, se prononce comme *j*, et devant *a*, *o*, *u*, elle se prononce comme *gue*.

Manière d'écrire les Lettres.

LETTRE D'UN FILS A SON PÈRE.

Mon cher père,

Toutes les lettres que je reçois de vous m'étant autant d'instructions pour ma conduite et mon éducation dans les bonnes mœurs, je me persuade bien aussi que je ne puis mieux faire que d'en suivre les maximes ; c'est à quoi je travaille de mon mieux. Si je ne vais pas si vite que je souhaiterais pour votre satisfaction et mon avantage, au moins je fais mon possible pour cela, n'ayant point de plus forte passion que celle de vous contenter, et de vous marquer, par ma soumission et mon obéissance, que je suis, mon très-cher père, Votre très-respectueux fils,

LETTRE D'UN FILS A SA MÈRE.

Ma très-chère mère,

Je vous suis très-sensiblement obligé des bons avis que vous me donnez, et vous promets que je les suivrai fort soigneusement : je suis ravi que vous soyez en parfaite santé. La lettre que vous m'avez fait l'honneur de m'écrire m'a été d'une grande consolation dans le chagrin que j'ai de me voir éloigné de vous. J'accepte avec plaisir l'offre que vous me faites, de pourvoir à mes petits besoins ; je m'adresserai plus librement à vous qu'à mon père. Vous savez qu'un jeune homme a toujours besoin d'argent ; je vous promets que je ne ferai pas un mauvais usage de celui que vous m'enverrez. Je désire que mon éloignement ne diminue point votre amitié et votre tendresse pour moi ; j'aurai toujours le même attachement et serai, toute ma vie, avec un profond respect, ma très-chère mère, Votre, etc.

LETTRE D'UNE FILLE A SA MÈRE.

Ma très-chère mère,

Le chagrin que je ressens de me voir éloignée d'une si tendre mère augmente à chaque moment. Malgré tous les soins et les égards qu'on a ici pour moi, je suis d'une si noire mélancolie, que je me rends insupportable à moi-même. J'ai remis, en arrivant, la lettre dont vous m'avez chargée en partant pour Madame M......, laquelle m'a fait beaucoup de politesses. J'aurais tout lieu d'être contente, si je n'étais pas séparée de vous. Ce qui me donne une espèce de consolation, c'est que j'espère m'entretenir avec vous par mes lettres. Le soin que je cherche à prendre pour vous contenter par toutes mes actions, me donne lieu de croire que vous voudrez bien m'aimer toujours, et me considérer toujours comme une fille qui sera toute sa vie, avec infiniment d'amour, de tendresse et de respect, ma très-chère mère. Votre respectueuse et obéissante fille.

MANIÈRE DE DRESSER DES PÉTITIONS

A LEURS MAJESTÉS ROYALES,

Et les qualités que l'on doit employer en tête des diverses suppliques que l'on veut présenter ou adresser aux Maréchaux de France, aux Ministres et à tous les Chefs d'administration.

Lorsqu'on adresse une pétition à Sa Majesté, pour une demande ou réclamation quelconque, on met en tête ces mots :

A SA MAJESTÉ LE ROI.

(On met la date en tête.)

Ensuite on écrit, à une distance un peu éloignée de l'adresse :

SIRE,

Le très-respectueux sujet de Votre Majesté, etc. On motive la demande et l'on termine ainsi :

Agréez, Sire, les sentiments de respect et d'obéissance avec lesquels votre fidèle sujet est, de Votre Majesté, le très-humble et très-soumis serviteur.

(On signe et on met son adresse.)

Nota. Il faut faire en sorte que la pétition ne contienne qu'une page, afin d'éviter de tourner le feuillet. L'écriture doit être à deux pouces de distance du blanc. Telle est, en général, la manière dont les pétitions doivent être faites, soit pour être adressées ou remises par soi-même. Lorsqu'on les remet, soit au portier ou à toutes autres personnes chargées de remettre, soit par la poste du gouvernement au Carrousel, elles doivent être mises sous enveloppe avec les qualités des personnes à qui elles s'adressent.

PÉTITIONS EN GÉNÉRAL.

A SON ALTESSE ROYALE MONSIEUR,

A SON ALTESSE SÉRÉNISSIME,

A MONSEIGNEUR LE DUC DE NEMOURS.

Modèles de Lettres de Change, Billets, Promesses, Quittances, etc.

Lettre seule reçue pour valeur comptant, à huit jours de vue.

Paris, le...   BON POUR TROIS MILLE FRANCS.

Monsieur,

A huit jours de vue, il vous plaira payer, par cette seule lettre de change, à M. Joseph Bondin, de cette ville, ou à son ordre, la somme de trois mille francs, valeur reçue dudit sieur, en deniers comptants, que passerez en compte, suivant avis de votre, etc.

A Monsieur Méranger, demeurant à Tours.

Ces mots *suivant avis* supposent que M. Méranger ne doit ni payer, ni accepter ladite lettre, que Nicolas ne lui en donne avis ; et si Nicolas manque de le faire, la lettre sera protestée ; Nicolas en supportera les frais.

MODÈLES DE BILLETS.

BILLET A ORDRE.

Je payerai dans trois mois, à l'ordre de M.   marchand, la somme
de   , pour marchandises qu'il m'a fournies.
A Nantes, le 18 septembre 1840.

BILLET AU PORTEUR.

Je payerai au porteur la somme de   , valeur reçue comptant de M...
Fait à   le   an   pour ladite somme

Ainsi il faut dans les billets payables à ordre ou au porteur, déclarer de quelle nature et valeur on recevra, et le nom de ceux de qui on a reçu, pour se conformer à l'ordonnance du mois de mars 1673.

PROMESSES.

Je soussigné reconnais avoir en mes mains la somme de   appartenant à Mme..., qu'elle m'a prié de lui garder ; en reconnaissance de quoi, et pour sa sûreté, je lui ai donné la présente, laquelle m'étant rapportée, je lui rendrai ladite somme.
Fait à   *(Signature.)*

MODÈLES DE QUITTANCES.

Je soussigné J......, marchand, demeurant à   , reconnais devoir et promets
payer à M...   , dans six mois de   et pour pareille somme qu'il m'a prêtée
en mon besoin.
Fait à   le   an   *(Signature.)*

QUITTANCE DES ARRÉRAGES POUR RENTES.

Je soussigné, reconnais avoir reçu de M.   la somme de   pour l'année
d'arrérages de la rente   qu'il me doit, échue au mois de   dernier ; de
laquelle somme je tiens quitte mon dit sieur, ou ma dite dame, pour ladite année.
A   , ce   an

Pour fournir lettre de change de pareille somme, il n'y a que deux sortes de billets que l'on appelle de change ; pour tous les autres, ils ne sont que simples promesses d'une autre manière que celles des personnes qui sont dans le commerce.

QUITTANCES DE LOYER.

QUITTANCE DE BAIL A FERME.

Je soussigné, propriétaire de......., reconnais avoir reçu du sieur G......., fermier,
la somme de   , pour trois ou six mois de loyer échus au   , de ladite
ferme qu'il tient de moi, en vertu d'un bail sous-seing privé, en date de   ,
dont quittance pour solde dudit loyer jusqu'à ce jour, et sans préjudice du terme
courant.
A   ce   an .   *(Signature.)*

QUITTANCE DE LOYER DE MAISON.

J'ai reçu de M..... la somme de   , pour le terme de la Saint-Martin à Noël, échu le premier janvier, d'un appartement qu'il tient de moi, dans ma maison, rue Saint-Martin.
    Dont quittance, ce......

QUITTANCE D'ARGENT PRÊTÉ.

Je soussigné, reconnais avoir reçu de M.... la somme de   , que je lui avais prêtée, suivant sa promesse du   , que j'ai remise entre ses mains.
    Fait à   , le   , l'an

QUITTANCE D'UNE FEMME EN L'ABSENCE DE SON MARI.

Je soussignée, femme   , de lui autorisée, reconnais avoir reçu de M.........
la somme de   , à compte de celle qu'il doit à mon mari, par sa promesse du   , de laquelle somme je promets audit   de lui tenir ou faire tenir compte sur et en déduction de ladite somme de   — Au moyen de quoi je lui ai donné la présente.
    Fait à   , le   , l'an

LETTRE DE VOITURE.

                    Bordeaux, le   an
    Monsieur,
A la garde de Dieu et sous la conduite de M   , voiturier par terre, je vous envoie un ballot marqué N. N., lequel ayant reçu bien conditionné, vous lui payerez la voiture à raison de   centimes pour chaque   pesant, suivant l'avis de
                                                    Votre serviteur, etc.

SOUS-BAIL D'UN PRINCIPAL LOCATAIRE.

Entre nous soussignés, P......, principal locataire d'une maison sise (*désigner le lieu, la rue, le numéro*), appartenant à T....., (*nom du propriétaire*), en vertu d'un bail sous-seing privé, ou pardevant notaire, que ce dernier m'a passé le (*la date*), d'une part, et T...... d'autre part, a été convenu ce qui suit, savoir : moi T...... reconnais avoir sous-loué en ma dite qualité, à R...., pour tout le temps qui reste à courir de ce jour de mon premier bail, qui est (*énoncer le temps*), les lieux dépendants de ladite maison qui s'ensuivent, savoir : *(désigner les lieux)*, et ce moyennant

CONTINUATION DE BAIL.

Entre nous soussignés, etc., *(comme aux autres modèles)*, sommes convenus que le bail sous-seing privé de *(désigner l'objet)*, fait entre nous le *(la date)*, et qui doit expirer le *(la date)*, continuera d'avoir un nouveau cours et effet pour le même temps et aux mêmes clauses, charges et conditions que celles qui y sont exprimées, moyennant le même prix pour chacune des dites trois, six ou neuf années, que le preneur s'oblige et promet de payer à moi bailleur, aux termes et ainsi qu'il est porté au bail ci-dessus relaté.
    Fait et signé double, à   ce   *(Signatures.)*

CONGÉ VOLONTAIRE.

Entre nous soussignés *(comme aux autres actes)*, est convenu que le bail sous-seing privé fait entre nous le   d'une maison *(ou autres lieux)*, sise à   au moyen d'un congé que me donne ledit C......, locataire, que j'accepte volontairement et librement ; est, et demeure résilié pour le terme de   , auquel jour ledit sieur C.... promet rendre lesdits lieux vides et quittes de toutes réparations locatives.
    Fait et signé double, à   ce   *(Signatures.)*

MODÈLES DE PROCURATIONS.

PROCURATION PAR SIMPLE LETTRE.

Pantin, le.......
Monsieur,
Je vous prie, pour moi et en mon nom, de faire *(désigner dans le plus grand détail toutes choses ou objets de la présente)*, et vous donne par la présente tout pouvoir à ce nécessaire.
Je vous promets d'exécuter et accomplir tout ce que vous aurez réglé à cet égard. Ce sera un véritable service que vous me rendrez et pour lequel je vous serai redevable de la plus vive reconnaissance.
Votre tout dévoué, etc.   *(Signature.)*

PROCURATION SPÉCIALE OU PARTICULIÈRE.

Je soussigné, A.... *(qualité et demeure)*, donne par le présent pouvoir à Q... pour moi et en mon nom *(désigner le motif de la procuration)*.
A   ce   *(Signature.)*

PROCURATION POUR RECEVOIR UNE SOMME DUE.

Je soussigné, E..., déclare donner pouvoir par la présente procuration à G.... de recevoir pour moi, du sieur V..., la somme de   , qu'il me doit en vertu de *(désigner la cause)*, d'en donner reçu, quittance et décharge, et à défaut de paiement, de faire contre lui toutes les poursuites, diligences, oppositions, saisie-arrêt, saisie-exécution, expropriation forcée de biens qu'il croira nécessaires, traduire le Sr   ou autres en conciliation devant le Tribunal de paix ou de première instance, plaider, transiger, élire domicile, substituer, donner toute main-levée, et généralement faire, pour le recouvrement de ladite somme, tout ce qu'il croira convenable.
Promettant *(comme à la précédente.)*   *(Signature.)*

PROCURATION POUR VENDRE.

Je soussigné, etc., *(comme à la précédente)*, de vendre avec toute garantie, par acte sous-seing privé ou pardevant notaire, pour le prix de la somme de   payable au comptant, une maison, ou une ferme, ou une terre à moi appartenant, en vertu de   , située à   , consistant en   , de donner quittance et décharge de la somme de   à l'acquéreur, et lui faire remise des pièces et titres concernant ladite propriété.
Promettant, etc.   *(Comme à la première.)*

PROCURATION D'UN MARI A SA FEMME.

Je soussigné P....., autorise par le présent Q..., mon épouse *(désigner l'objet pour lequel l'autorisation est donnée)*.
A   *(Signature.)*

ENGAGEMENT D'APPRENTI.

Entre nous soussignés, A... d'une part;
Et B.... d'autre part;
Il a été convenu ce qui suit :
Moi A...., conviens de prendre en apprentissage chez moi, B.... fils, âgé de   ans, pour le temps et espace de   ans consécutifs, à partir de ce jour, afin de lui apprendre mon état de   , moyennant la somme de   , que le sieur B..... s'engage à me payer en quatre paiements égaux, savoir : présentement, dans   , dans   , dans   , dans   , et à condition que le sieur B.... logera, nourrira et entretiendra son fils, et que, dans le cas où ledit sieur B.... le retirerait de chez moi, ou que son fils en sortirait de sa propre volonté, avant d'avoir fini le temps de son apprentissage, à moins qu'il ne fût malade, ou que ce ne fût pour le service militaire, ledit sieur B.... père, non-seulement perdra les sommes par lui payées pour ledit apprentissage, mais encore sera tenu de me payer, par forme d'indemnité, la somme de   , ce que ledit sieur B... a consenti, et m'a payé ladite somme de   , et dont le présent lui tiendra lieu de quittance.
Fait et signé en double, à   ce   (*Signatures.*)

POLICE D'OUVRIER.

Entre nous soussignés, O..., d'une part;
Et P..., d'autre part;
Il a été convenu ce qui suit, savoir :
Moi P..., m'engage à entrer chez O.... en qualité d'ouvrier   , pour y travailler pendant   mois consécutifs, à partir de ce jour, moyennant la somme de   par jour, et dans le cas où je ne resterais pas chez lui pendant le temps ci-dessus fixé, à moins que ce ne fût pour cause de maladie ou de réquisition du gouvernement, je consens qu'il retienne la paie de huit jours de mon travail, ou la somme de
Moi, O...., de mon côté, m'oblige à occuper ledit sieur P..... pendant   mois consécutifs, au prix de   par jour, et dont le paiement lui sera fait toutes les semaines; dans le cas où je congédierais ledit sieur avant la fin du temps fixé à moins que ce ne fût pour cause d'inconduite, je m'engage à lui payer huit jours, de son travail, en sus de ce qui pourra lui être dû.
Fait et signé en double, à   ce   (*Signatures.*)

CHIFFRES ARABES ET CHIFFRES ROMAINS.

	Chiff. arab.	Chiff. rom.		Chiff. arab.	Chiff. rom.
Un	1	I	Trente-deux	32	XXXII
Deux	2	II	Trente-trois	33	XXXIII
Trois	3	III	Trente-quatre	34	XXXIV
Quatre	4	IV	Trente-cinq	35	XXXV
Cinq	5	V	Quarante	40	XL
Six	6	VI	Cinquante	50	L
Sept	7	VII	Soixante	60	LX
Huit	8	VIII	Soixante-dix	70	LXX
Neuf	9	IX	Quatre-vingts	80	LXXX
Dix	10	X	Quatre-vingt-dix	90	XC
Onze	11	XI	Cent	100	C
Douze	12	XII	Deux cents	200	CC
Treize	13	XIII	Trois cents	300	CCC
Quatorze	14	XIV	Quatre cents	400	CD
Quinze	15	XV	Cinq cents	500	D
Seize	16	XVI	Six cents	600	DC
Dix-sept	17	XVII	Sept cents	700	DCC
Dix-huit	18	XVIII	Huit cents	800	DCCC
Dix-neuf	19	XIX	Neuf cents	900	DCD
Vingt	20	XX	Mille	1,000	M
Vingt-un	21	XXI	Deux mille	2,000	MM
Vingt-deux	22	XXII	Dix mille	10,000	XM
Vingt-trois	23	XXIII	Vingt mille	20,000	XXM
Vingt-quatre	24	XXIV	Cinquante mille	50,000	LM
Vingt-cinq	25	XXV	Cent mille	100,000	CM
Vingt-six	26	XXVI	Deux cent mille	200,000	CCM
Vingt-sept	27	XXVII	Trois cent mille	300,000	CCCM
Vingt-huit	28	XXVIII	Quatre cent mille	400,000	IVCM
Vingt-neuf	29	XXIX	Cinq cent mille	500,000	VCM
Trente	30	XXX	Million	1,000,000	XCM
Trente-un	31	XXXI			

TABLE DE MULTIPLICATION.

2 f.	2 f.	4	3	8	24	5	5	25	7	7	49	9	12	108
2	3	6	3	9	27	5	6	30	7	8	56	10	10	100
2	4	8	3	10	30	5	7	35	7	9	63	10	11	110
2	5	10	3	11	33	5	8	40	7	10	70	10	12	120
2	6	12	3	12	36	5	9	45	7	11	77			
2	7	14				5	10	50	7	12	84	11	11	121
2	8	16				5	11	55				11	12	132
2	9	18	4	4	16	5	12	60	8	8	64	12	12	144
2	10	20	4	5	20				8	9	72	13	13	169
2	12	24	4	6	24	6	6	36	8	10	80	14	14	196
			4	7	28	6	7	42	8	11	88			
3	3	9	4	8	32	6	8	48	8	12	96	15	15	225
3	4	12	4	9	36	6	9	54				16	16	256
3	5	15	4	10	40	6	10	60	9	9	81	17	17	289
3	6	18	4	11	44	6	11	66	9	10	90			
3	7	21	4	12	48	6	12	72	9	11	99	18	18	324

NOUVEAU TRAITÉ

d'Arithmétique décimale et ancienne.

NOTIONS PRÉLIMINAIRES.

L'Arithmétique est la science des nombres.

On entend par arithmétique, un jeu de chiffres par lequel on trouve un nombre cherché; on appelle chiffres, dix caractères qui sont :

Un, deux, trois, quatre, cinq, six, sept, huit, neuf, zéro.
1, 2, 3, 4, 5, 6, 7, 8, 9, 0.

Par le moyen de ces dix caractères, on peut former tous les nombres que l'on désire.

Ainsi, si l'on veut former des dizaines ou les nombres dix (10), vingt (20), trente (30), etc., on ajoute un zéro après le chiffre; si l'on veut former des centaines on en ajoute deux : Exemples :

Cent, deux cent, trois cent, quatre cent,
100, 200, 300, 400, etc.

Observations. Si, au lieu de zéro, on ajoutait un autre chiffre, le premier vers la droite formerait des unités, et celui vers la gauche des dizaines. Et si l'on en ajoutait deux, c'est-à-dire trois chiffres en suivant, celui vers la gauche formerait des centaines. Exemples : (25) vingt-cinq; (325) trois cent vingt-cinq; ainsi des autres.

On peut s'exercer à la numération dans le nombre qui suit, et on observera que chaque chiffre, en avançant vers la gauche, a une valeur dix fois plus grande.

quintillions,	quatrillions,	trillions,	billions,	millions,	mille,	unités,
375	634	248	004	743	849	236
unités de quintillions. dizaines de quintillions. centaines de quintillions.	unités de quatrillions. dizaines de quatrillions. centaines de quatrillions.	unités de trillions. dizaines de trillions. centaines de trillions.	unités de billions. dizaines de billions. centaines de billions.	unités de millions. dizaines de millions. centaines de millions.	unités de mille. dizaines de mille. centaines de mille.	unités. dizaines. centaines.

On lit ainsi le nombre qui précède : trois cent septante-cinq quintillions, six cent trente-quatre quadrillions, deux cent quarante-huit trillions, quatre billions, sept cent quarante-trois millions, huit cent quarante-neuf mille, deux cent trente-six unités.

Observation. S'il se trouve des zéros dans un nombre, ils ne servent qu'à tenir le rang des chiffres qu'ils remplacent.

DES NOMBRES DÉCIMAUX.

Les nombres décimaux se nomment ainsi parce que leurs valeurs sont de dix fois en dix fois plus petites ou plus grandes.

Exemples : le mètre qui est la base fondamentale des nouvelles mesures vaut dix décimètres, le décimètre vaut dix centimètres, le centimètre vaut dix millimètres, etc., ainsi ces nombres diminutifs se comptent par dixièmes, centièmes, millièmes, dix millièmes, cent millièmes, etc., et en augmentant la valeur de l'unité principale, le décamètre vaut 10 mètres, l'hectomètre 100 mètres ou 10 décamètres, le kilomètre 1,000 mètres ou 10 hectomètres, le myriamètre 10,000 mètres ou 10 kilomètres ; voyez la démonstration suivante :

Myria. 10,000
Kilo. 1,000
Hecto. 100
Déca. 10
Unité. 1
Déci. 0,1
Centi. 0,01
Milli. 0,001

AUTRE PLAN.

my.	ki.	hec.	déc.	u.	déci.	cen.	m.	d.	c.	m.
6	4	3	7	2	3	7	5	4	9	5

Ce nombre se lit comme suit : 6 myria., 4 kilo., 3 hecto., 7 déca., 2 unités, 3 déci. ou dixièmes, 7 centi. ou centièmes, 5 milli. ou millièmes, 4 dix milli. ou dix millièmes, 9 cent milli. ou cent millièmes, 5 millioni. ou millionièmes, ou autrement tout à la fois, soixante-quatre mille trois cent septante-deux unités (mètres ou litres), trois cent septante-cinq mille, quatre cent nonante-cinq millionièmes.

Pour les mesures de longueur, l'unité se nomme (mètre.)
Pour les mesures agraires ou d'arpentage (Are.)
Pour les liquides et les matières sèches (litre.)
Pour les mesures de pesanteur (gramme.)
Pour les monnaies (franc.)

Ainsi, pour l'arpentage, l'hectare vaut 100 ares et l'are 100 centiares.

Pour les liquides et les matières sèches.

L'hectolitre vaut 10 décalitres, le décalitre 10 litres, le litre 10 décilitres, le décilitre 10 centilitres, le centilitre 10 millilitres.

Pour les mesures de pesanteur, le kilogramme vaut 10 hectogrammes, l'hectogramme 10 décagrammes, le décagramme 10 grammes, le gramme 10 décigrammes.

Pour les monnaies, le franc vaut 10 décimes, le décime 10 centimes.

Pour écrire en chiffres les nombres décimaux, on doit placer une virgule après les unités, pour les séparer des fractions décimales.

Ainsi, l'on écrit 13,25 treize mètres vingt-cinq centimètres. 24,05 vingt-quatre francs cinq centimes ; on observera ici que, lorsqu'il manque une ou plusieurs fractions décimales dans un nombre, on les remplace par des zéros ; voyez le nombre qui précède, ne s'y trouvant pas de décimes, on les a remplacés par un zéro. On observera encore, qu'en lisant un nombre composé de plusieurs fractions, on donnera seulement la dénomination de la dernière. Exemple 2 décimètres, 4 centimètres, 5 millimètres, se liront deux cent quarante-cinq millimètres.

DE L'ADDITION EN GÉNÉRAL.

L'addition est une opération par laquelle on joint ensemble plusieurs quantités de même espèce, pour en faire un seul nombre, que l'on appelle, somme ou total.

EXEMPLE.

Un menuisier a livré à un particulier : 1°. une garderobe pour 225 francs ; 2°. deux tables pour 36 francs ; 3°. une commode pour 42 francs, et 4°. cinq portes pour 58 francs ; dites pour combien il a livré en tout ?

OPÉRATION. 225   Après avoir placé les nombres les uns sous les autres, et ayant
           36   mis les unités sous les unités, les dizaines sous les dizaines, je
           42   souligne et je commence par la droite en disant : 8 et 2 font 10 et
           58   6 font 16 et 5 font 21 ; je pose 1 sous le 8 et je retiens 2 dizaines
        ———   pour la colonne qui est à gauche, je compte ensuite : 2 de retenue
TOTAL   361   et 5 font 7 et 4 font 11 et 3 font 14 et 2 font 16, je pose 6 et je retiens 1 pour la colonne à gauche ; je continue encore en disant : 1 de retenue et 2 font 3, je pose 3 sous la troisième colonne, et je vois que mon total est de 361 francs.

DE LA SOUSTRACTION.

La soustraction est une opération par laquelle on retranche un nombre d'un autre de même espèce, pour connaître de combien le plus grand surpasse le plus petit. Cette différence s'appelle *reste*.

EXEMPLE.

Je devais 8400 fr. 05 c., j'ai payé 5642 fr. 64 c. ; combien dois-je encore ?

OPÉRATION. 8400,05   Je commence encore par la droite en disant : 4 de 5 reste 1,
          5642,64   que je pose sous le 4, je passe ensuite à la colonne des dé-
        ————   cimes et je continue à dire : 6 de zéro cela ne se peut, j'em-
          2757,41   prunte une dizaine sur le 4, et je le marque d'un point, ainsi
que les deux autres zéros, le 4 pour se rappeler qu'il ne fait plus que 3 et les zéros pour faire connaître qu'ils font 9. Je répète ensuite, 6 de 10 reste 4, 2 de 9 reste 7, 4 de 9 reste 5 ; 6 de 3 cela ne se peut, j'emprunte une dizaine sur le 8, et 3 font 13, j'ôte 6 de 13 reste 7 et puis j'ôte 5 de 7 reste 2, car ayant emprunté sur le 8, il ne fait plus que 7.

DE LA MULTIPLICATION.

La Multiplication est une opération par laquelle on répète un nombre appelé *multiplicande*, autant de fois que l'unité est contenue dans un nombre appelé *multiplicateur*, pour avoir un résultat qu'on nomme *produit*.

EXEMPLE.

On a vendu 342 hectolitres de froment, au prix de 25 francs l'hectolitre ; combien recevra-t-on ?

OPÉRATION. 342 MULTIPLICANDE.   Pour faire cette multiplication, je commence
             25 MULTIPLICATEUR.   par la droite en disant : 5 fois 2 font 10, je pose
          ————————   0 et je retiens une dizaine, puis je répète : 5 fois
            1710   4 font 20, et une dizaine de retenue qui font 21,
            684   je pose 1 en allant vers la gauche et je retiens 2,
         —————   je répète encore : 5 fois 3 font 15 et 2 de retenus
           8550   font 17, je pose les 17, parce que j'ai multiplié le dernier chiffre vers la gauche ; ensuite je multiplie par 2 en disant : 2 fois 2 font 4

que je pose aux dizaines sous ce 2 même qui est le multiplicateur, car on doit observer de toujours poser le premier chiffre de chaque produit partiel sous le chiffre même qui sert de multiplicateur ; puis, je continue à dire : 2 fois 4 font 8, que je pose en colonne en allant vers la gauche, et enfin, je dis : 2 fois 3 font 6, que je pose encore à gauche. Ayant ainsi multiplié par les 2 chiffres séparément, j'en additionne les 2 produits partiels pour en faire un produit total, en disant : 0 que je pose, 4 et 1 font 5, 8 et 7 font 15, je pose 5 et je retiens 1, 1 de retenu et 6 font 7 et 1 8.

DE LA DIVISION.

La Division est une opération par laquelle on cherche combien de fois un nombre, qu'on appelle *dividende*, en contient un autre qu'on appelle *diviseur*, et ce combien de fois se nomme *quotient*.

Six personnes doivent partager une somme de 855 fr. ; dites la part de chacune d'elles ?

```
DIVIDENDE. 855   | 6 DIVISEUR.
           6     | ---------
           ---   | 142,5 QUOT.
           25    |
           24    |
           ---
           015
            12
           ---
           030
            30
           ---
            00
```

Pour faire cette opération, après avoir placé le dividende et le diviseur, tels qu'on les voit ici, je demande combien de fois 6 en 8 ; je trouve qu'il est 1 fois, que je pose au quotient, sous le diviseur, et je répète : 1 fois 6 est 6, que je place sous le 8 du dividende ; puis, je soustrais ce 6 de 8, et il me reste 2, que je place sous ce même 6, après avoir souligné ; ensuite, je descends le premier 5, qui se trouve à la droite du 8 et je le place à la droite du 2 de reste, ce qui fait 25, je demande encore combien de fois 6 en 25, et je trouve 4 fois, que je pose au quotient, en avançant vers la droite ; puis, je multiplie encore mon diviseur par le 4, en disant : 4 fois 6 font 24, que je pose sous 25, et j'en fais encore la soustraction et il me reste 1, auprès duquel je descends le dernier 5, ce qui me fait 15 ; je demande combien de fois 6 en 15, et je trouve qu'il y est 2 fois, que je pose encore au quotient, et je répète : 2 fois 6 font 12, que je pose sous 15, et puis je soustrais 12 de 15, il reste 3 ; que je pose sous les 12, et n'ayant plus de chiffres à descendre, j'ajoute un zéro pour des décimes à la droite de ces 3 francs, et je demande enfin : combien de fois 6 en 30, et je trouve 5 fois, que je pose aussi au quotient, après avoir placé une virgule, pour séparer les entiers des décimales, je trouve que la part de chaque personne est de 142 fr. 5 décimes ou 50 cent.

Observation. On place un point sous chaque chiffre que l'on descend, pour les reconnaître, afin de ne pas les abaisser deux fois.

LA TENUE DES LIVRES
EN PARTIE SIMPLE.

La tenue des livres en partie simple consiste en de simples notes, destinées à suppléer au défaut de la mémoire. Elle fait seulement connaître au négociant ce qu'il doit à chacun et ce que chacun lui doit.

Il n'est besoin de faire aucune étude pour tenir ces sortes d'écritures ; il suffit d'exposer les faits dans toute leur simplicité, sur les livres qui les concernent.

Pour ces écritures, on fait usage de *trois* livres principaux, comme pour les parties doubles, mais on les emploie d'une manière bien différente.

Ce sont : *le Brouillard*, *le Journal*, *le Grand Livre*.

1°. DU BROUILLARD. — Le brouillard, ou main courante, sert de base au journal. On y inscrit jour par jour, à mesure qu'elles ont lieu, toutes les opérations de commerce, chacune dans un article séparé.

Le brouillard est le même pour la partie simple et pour les parties doubles; nous les décrirons en parlant de ces dernières.

2°. DU JOURNAL. — Le journal n'a pour objet que de donner le détail des affaires à terme; du reste, il est la copie au net du brouillard.

On transporte sur ce livre tous les articles du brouillard, qui relatent des affaires à terme, exprimant les faits clairs et concis.

On commence l'article par cette formule, écrite en gros caractères :

DOIT TEL. . . . .

AVOIR TEL. . .

A la suite on écrit en caractères ordinaires fr...... pour.... (détail de l'opération), et à l'extrémité de la ligne, on sort, dans une colonne à ce destinée, la somme qu'on a énoncée en commençant l'article.

Chacun de ces articles doit être séparé et porter en tête sa date.

(Voyez le modèle dans la deuxième partie; on y a passé les quatre premiers articles du brouillard).

Nous venons de dire qu'on ne reporte sur le journal que les articles du brouillard qui relatent des affaires à terme. Cela est vrai : on se borne à prendre note de tous les autres sur les livres auxiliaires.

On note les ventes et les achats au comptant sur le *livre de caisse* (*).

Si l'on fait une vente contre un billet, on se borne à noter ce billet au livre d'*effets à recevoir*.

Si l'on fait des échanges de marchandises, on en prend note seulement au livre de *magasin*.

3°. DU GRAND-LIVRE. — Le Grand-Livre est le livre des comptes-courants; on y ouvre un compte à chaque individu avec lequel on fait des affaires à terme.

Au débit, on porte toutes les ventes à terme qu'on lui a faites; au crédit, tous les paiements qu'il fait.

Dans ce livre, chaque article doit tenir une seule ligne, qui renferme la date, l'exposé de l'opération en termes clairs et concis, la somme et la page du journal où l'affaire est détaillée.

Les comptes du grand-livre sont tous entièrement extraits du journal : porter les écritures du journal au grand-livre, cela s'appelle *reporter* au grand-livre.

Ce livre est toujours accompagné d'un *répertoire*. Le répertoire est un tableau par ordre alphabétique, des personnes avec lesquelles on fait des affaires, indiquant le folio du grand-livre où leur compte est inscrit.

Quand on veut transporter au grand-livre, on cherche successivement dans le répertoire le folio de chaque compte, on écrit ce folio au journal, en marge et sur la même ligne que le nom de ce compte.

Puis, prenant chaque article en particulier, on cherche, à l'aide du folio qu'on a placé en marge, le compte du grand-livre qui le concerne. Ce compte trouvé, on place la date de l'affaire dans deux colonnes à ce destinées; dans l'une l'année et le mois, dans l'autre le jour; on écrit à la suite, d'une manière précise, l'énoncé de cette affaire; puis dans la colonne qui suit le folio du journal qui renferme l'article, et, dans les deux dernières colonnes, les francs et les centimes qui composent la somme. Cela fait, on tire une ligne, ou l'on fait un point très-apparent

---

(*) On peut aussi, et cela se pratique souvent, porter ces sortes de ventes aux DÉBITEURS DIVERS, ou à compte particulier, pour conserver sous ses yeux le souvenir de l'opération.

au journal, à côté du folio du compte, pour indiquer que l'article est porté au grand-livre.

Indépendamment de ces trois livres principaux, on fait usage de *livres auxiliaires*, dont le nombre et la destination varient suivant l'étendue et la nature des opérations commerciales.

La matière de ces livres est toute entière tirée du brouillard. Comme ils sont les mêmes pour la partie simple que pour la partie double, nous n'en ferons qu'une seule description que nous placerons plus loin.

Ces livres sont : *le livre de caisse*, *le carnet d'échéances*, *le livre de ventes*, *le livre d'achats*, *le livre d'inventaires*, *la copie de lettres*. On remplace souvent le livre de ventes et le livre d'achats par *le livre de magasin*.

Nous bornerons ici les principes sur les écritures en partie simple, d'abord parce qu'ils n'exigent pas d'étude, en second lieu, parce que les négociants qui tiennent leurs écritures en partie simple, les tiennent ainsi négligemment, par un vice inhérent à leur nature, et que leur proposer un système méthodique serait perdre sa peine et les importuner.

Modèle du Journal en partie simple (*).
Journal commencé le 1er Janvier 1840.

FOLIO 1.

		Du 2 Janvier 1840.		
1		DOIT VOISIN, du Havre, fr. 250. pour une barrique d'huile à lui vendue, pesant cent kilogrammes ; à fr. 250...................................	250	» »
		Du 3.		
1		AVOIR SICARD, du Havre, fr. 10,000. pour 40 pièces de vin de Bordeaux, à lui achetées à fr. 250 chacune................................	10000	» »
		Du 6.		
1		AVOIR PICARD, du Havre, fr. 700. pour 5 tonneaux de vin de Bordeaux, à lui achetés, à fr. 800 chacun, ensemble 4,000 fr., sur lesquels je lui ai remis à compte mon billet à son ordre, payable fin avril, de fr. 3,000 et fr. 300 en espèces, reste dû à Picard................................	700	» »
		Du 9.		
2		DOIT OSCARD, de Paris, fr. 100. pour une barrique d'huile à lui vendue, pesant 100 kilog., à fr. 250, sur lesquels il m'a remis à compte un billet Magneux, de Strasbourg, à son ordre, fr. 100, payable fin avril ; et 50 fr. espèces...................	100	» »

(*) Nous ne passerons ici que quelques articles d'écritures du brouillard ; ils suffiront pour faire comprendre le principe de la partie simple.

MODÈLE DU LIVRE DE CAISSE.

DOIT.			CAISSE.					AVOIR.	
1840					1840				
Février.	1	Reste en caisse..................	10125	50	Février.	1	Payé mon billet, ordre Jean, n° 9........	600	» »
	2	Reçu de Simon, à compte............	200	» »		2	Achat de 1 pièce de drap............	150	» »
	3	Vente au comptant d'une barrique de vin de Bordeaux................	600	» »		3	Payé à Lucas, pour solde............	200	» »
	4	Reçu d'André, pour solde............	785	35		4	Réparations de bureau............	150	65
	5	Encaissé le billet Thomas, n° 7........	986	20				1100	65
	8	Reçu à compte de Lucien............	300	» »			Pour balance, reste en caisse.........	86	10
			12997	05				12997	05

MODÈLE DE CARNET D'ÉCHÉANCES.

FÉVRIER 1840.				A RECEVOIR.		FÉVRIER 1840.				A PAYER.	
1839						1840					
Déc.	2	N° 7. Billet Bonin, ordre Bontemps, au	28	Encaissé.	2000 20	Nov.	2	Mon billet, ordre Monin, au...	15	Acquit.	750 25
	15	N° 11. Billet Onin, ordre Molard, au	13	Négocié.	2800 05	Déc.	17	Mon billet, ordre Cany, au....	17	Rentré.	2347 10
1840						1840					
Janv.	2	N° 18. Billet Thomas, ordre Lucas, au	27	Encaissé.	4507 » »	Janv.	3	Mon billet, ordre Colin, au...	28	Acquit.	5208 05

MODÈLE DU LIVRE DE MAGASIN.

1840						1840				
Février.	2	N° 1. Une pièce de drap bleu.	Mètres.	20		Févr.	25	Vendu à Tronchard.......	Mètres.	20
	4	N° 2. 1 caisse de savon.	kilog.	100		»	....		» »	
	5	N° 3. 1 caisse de sucre.	kilog.	150		27	Vendu à Canet.......	kilog.	150
		N° 4. 1 pièce de mousseline.	Mètres.	22 1/2		26	Vendu au comptant........	Mètres.	22 1/2
		N° 5. 1 caisse de vin de Malaga.	Bouteilles.	50		»			

MODÈLE DU GRAND LIVRE EN PARTIE SIMPLE.

1840 Janvier. 2	DOIT VOISIN, 1 barrique d'huile.	1	250	» »		DU HAVRE,	AVOIR :			

| | DOIT SICARD, | | | | 1840 Janvier. 3 | DU HAVRE, AVOIR : 10 pièces de vin de Bordeaux. | | 1 | 1000 | » » |

| | DOIT PICARD, | | | | 1840 Janvier. 6 | DU HAVRE, AVOIR : A lui dû sur sa facture de ce jour... | | 1 | 700 | » » |

| 1840 Janvier. 9 | DOIT OSCARD, sur une barrique d'huile pour solde. | 1 | 100 | 100 | | DE PARIS, | AVOIR : | | | |

MÉTHODE NOUVELLE.

Doit SIMÉON, de Lyon, son compte courant et d'intérêt, à 6 pour cent l'an, chez Ménageot, de Paris, réglé le 31 décembre 1840. — AVOIR.

(1) 1840	(2)		(3)	(4)	(5)	(1) 1840	(2)		(3)	(4)	(5)
Juin. 30	5000	» »	Solde ancien, valeur. Juin. 30	»	»	Juillet 15	10000	» »	Sa facture du 12 courant, valeur. Juillet 12	42	420000
Août. 15	8500	» »	Ma facture de ce jour. Août. 13	46	404800	Sept. 30	2000	» »	Sa remise en espèces. Septem. 30	92	184000
Sept. 1	6800	» »	Ma remise en espèces. Sept. 4	62	409500	Décem 25	1000	» »	Sa remise sur Simon. Janvier 20	204	204000
Nov. 15	2000	» »	Ma remise en Turpin. Janvier 15	199	398000						
	167	80	(Intérêt par balance des nombres).		1006900		43000	»			
	22467	80				Décem.31	9167	80	9300, solde brute. Solde en ma faveur.	184	1711200
Déc. 31	9467	10	Solde à nouveau; valeur. Décem. 31		2219200		22167	80			2219200

(1) Date du jour où l'on a passé écriture de l'opération. — (2) Valeurs reçues. — (3) Date de laquelle partent les intérêts. — (4) Nombre des jours compris entre le jour où commence l'intérêt et celui de l'arrêté de compte. — (5) Produit de la somme multipliée par le nombre de jours.

DES FOIRES.

La maison qui envoie des marchandises en foire doit ouvrir un compte à la foire, débiter ce compte de tout ce qu'il y renvoie, et le créditer de tout ce qu' en reçoit.

La personne chargée de la foire doit tenir des écritures régulières ; elle doit avoir un journal et un grand-livre, pour y enregistrer toutes ses opérations.

DE QUELQUES LIVRES AUXILIAIRES.

DU LIVRE DE CAISSE.

Le livre de caisse, comme les comptes du grand-livre, est tenu par débit et par crédit. Au débit on inscrit toutes les sommes reçues, au crédit toutes celles que l'on paie.

Lorsqu'on veut solder le compte de caisse, on additionne toutes les sommes du débit et toutes celles du crédit; on prend la différence des deux totaux, et l'excédant du débit sur le crédit donne exactement la somme qui doit se trouver en caisse.

DU LIVRE DE MAGASIN.

L'objet de ce livre est d'enregistrer les marchandises à leur entrée et à leur sortie, et d'éviter qu'on puisse en dérober.

Sur une page on inscrit les marchandises à leur entrée avec un numéro d'ordre et leur désignation exacte, et sur la page en regard, on les inscrit encore à leur sortie.

Ce livre doit faire connaître la date de l'achat, et, à la sortie, la date de la vente et le nom de l'acheteur.

DU CARNET D'ÉCHÉANCES.

Le carnet d'échéances sert à enregistrer les billets dont on doit recevoir le montant, comme aussi ceux que l'on doit payer.

Chaque billet doit être inscrit au mois de son échéance : on doit y faire connaître sa date, le numéro qu'il porte au grand-livre, le souscripteur, celui au profit duquel il est souscrit, son échéance et la somme. A mesure que ces billets sont payés on l'indique par une observation dans une colonne destinée à cet effet.

DIVISION DU ROYAUME DE FRANCE EN 86 DÉPARTEMENS.

1. Le départ.t de l'Ain, ci-devant Bresse, a pour chef-lieu Bourg.
2. de l'Aisne, ci-devant Soissonnais et Vermandois, Laon.
3. de l'Allier, ci-devant Bourbonnais, Moulins.
4. des Hautes-Alpes, ci-devant Dauphiné, Gap.
5. des Basses-Alpes, ci-devant Provence, Digne.
6. de l'Ardèche, ci-devant Vivarais, Privas.
7. des Ardennes, ci-devant Champagne, Méxières.
8. de l'Arriège, ci-devant Couserans et Foix, Foix.
9. de l'Aube, ci-devant Champagne, Troyes.
10. de l'Aude, ci-devant Languedoc, Carcassonne.
11. de l'Aveyron, ci-devant Rouergue, Rodez.
12. des Bouches-du-Rhône, ci-devant Provence, Marseille.
13. du Calvados, ci-devant Normandie, Caen.
14. du Cantal, ci-devant Auvergne, Aurillac.
15. de la Charente, ci-devant Angoumois, Angoulême.
16. de la Charente-Inférieure, ci-devant Aunis, Saintes.
17. du Cher, ci-devant Berry, Bourges.
18. de la Corrèze, ci-devant Limousin, Tulle.
19. de l'Ile de Corse, Ajaccio.
20. de la Côte-d'Or, ci-devant Bourgogne, Dijon.
21. des Côtes-du-Nord, ci-devant Bretagne, Saint-Brieuc.
22. de la Creuse, ci-devant Marche, Guéret.
23. de la Dordogne, ci-devant Périgord, Périgueux.
24. du Doubs, ci-devant Franche-Comté, Besançon.
25. de la Drôme, ci-devant Dauphiné, Valence.
26. de l'Eure, ci-devant Normandie, Evreux.
27. d'Eure-et-Loir, ci-devant Beauce, Chartres.
28. du Finistère, ci-devant Bretagne, Quimper.
29. du Gard, ci-devant Languedoc, Nîmes.
30. de la Haute-Garonne, ci-devant Languedoc, Toulouse.
31. du Gers, ci-devant Gascogne, Auch.
32. de la Gironde, ci-devant Guienne, Bordeaux.
33. de l'Hérault, ci-devant Languedoc, Montpellier.
34. d'Ile-et-Vilaine, ci-devant Bretagne, Rennes.
35. de l'Indre, ci-devant Berry, Châteauroux.
36. d'Indre-et-Loire, ci-devant Touraine, Tours.
37. de l'Isère, ci-devant Dauphiné, Grenoble.
38. du Jura, ci-devant Franche-Comté, Lons-le-Saulnier.
39. des Landes, ci-devant Guienne, Mont-de-Marsan.
40. de la Loire, ci-devant Forez, Montbrison.
41. de Loir-et-Cher, ci-devant Blaisois, Blois.
42. de la Haute-Loire, ci-devant Velai, le Puy.
43. de la Loire-Inférieure, ci-devant Bretagne, Nantes.
44. du Loiret, ci-devant Orléanais, Orléans.
45. du Lot, ci-devant Quercy, Cahors.
46. de Lot-et-Garonne, ci-devant Guienne, Agen.
47. de la Lozère, ci-devant Gévaudan, Mende.
48. de la Manche, ci-devant Normandie, Saint-Lô.
49. de la Marne, ci-devant Champagne, Châlons.
50. de la Haute-Marne, Chaumont.
51. de la Mayenne, ci-devant Maine, Laval.
52. de Maine-et-Loire, ci-devant Anjou, Angers.
53. de la Meurthe, ci-devant Lorraine, Nancy.
54. de la Meuse, ci-devant Lorraine, Bar-le-Duc.
55. du Morbihan, ci-devant Bretagne, Vannes.
56. de la Moselle, ci-devant Lorraine, Metz.
57. de la Nièvre, ci-devant Nivernais, Nevers.
58. du Nord, ci-devant Flandre, Lille.
59. de l'Oise, ci-devant Ile-de-France, Beauvais.
60. de l'Orne, ci-devant Normandie, Alençon.
61. du Pas-de-Calais, ci-devant Artois, Arras.
62. du Puy-de-Dôme, ci-devant Auvergne, Clermont.
63. des Hautes-Pyrénées, ci-devant Bigorre, Tarbes.
64. des Basses-Pyrénées, ci-devant Béarn, Pau.
65. des Pyrénées-Orientales, le Roussillon, Perpignan.
66. du Haut-Rhin, ci-devant Alsace, Colmar.
67. du Bas-Rhin, ci-devant Alsace, Strasbourg.
68. du Rhône, ci-devant Lyonnais, Beaujolais, Lyon.
69. de la Haute-Saône, ci-devant Franche-Comté, Vesoul.
70. de Saône-et-Loire, ci-devant Bourgogne, Mâcon.
71. de la Sarthe, ci-devant le Maine, le Mans.
72. de la Seine, Paris.
73. de Seine-et-Oise, Versailles.
74. de la Seine-Inférieure, ci-devant Normandie, Rouen.
75. de Seine-et-Marne, ci-devant Brie, Melun.
76. des Deux-Sèvres, ci-devant Poitou, Niort.
77. de la Somme, ci-devant Picardie, Amiens.
78. du Tarn, ci-devant Languedoc, Albi.
79. de Tarn-et-Garonne, Montauban.
80. du Var, ci-devant Provence, Draguignan, Avignon.
81. de Vaucluse, ci-devant Comtat-Venaissin-Vendée.
82. de la Vendée, ci-devant Poitou, Bourbon.
83. de la Vienne, ci-devant Poitou, Poitiers.
84. de la Haute-Vienne, Limoges.
85. des Vosges, ci-devant Lorraine, Epinal.
86. de l'Yonne, ci-devant Bourgogne, Auxerre.

www.ingramcontent.com/pod-product-compliance
Lightning Source LLC
Chambersburg PA
CBHW060604050426
42451CB00011B/2078